Grundkurs
PSYCHOANALYSE
in der psychotherapeutischen Praxis

Bernhard Rippe

Grundkurs PSYCHOANALYSE
in der psychotherapeutischen Praxis

2. Auflage

Bibliografische Information der Deutschen Nationalbibliothek:
Die Deutsche Nationalbibliothek verzeichnet diese Publikation in der Deutschen Nationalbibliografie;
detaillierte bibliografische Daten sind im Internet über http://dnb.dnb.de abrufbar.
© 2013 Bernhard Rippe

Herstellung und Verlag:
BoD – Books on Demand, Norderstedt

ISBN 978-3-7322-8480-1

Inhalt

Vorbemerkung

Zu diesem Grundkurs – wie er hier überschrieben ist – gab es viele Vorarbeiten und kontroverse Diskussionen. Ausgangspunkt war der mit anderen Kolleginnen und Kollegen geteilte Standpunkt, es könnte einen einfachen und übersichtlichen Zugang zur Psychoanalyse geben, wie er z. B. auch sinnvollerweise an einem psychoanalytischen Ausbildungsinstitut vorgestellt werden könnte.

Andererseits war unausweichlich klar, dass der Erfahrungsbestand der Psychoanalyse kaum zu überblicken ist und eine Vielzahl kreativer Konzepte enthält, so dass eine Vereinfachung vielleicht als unberechtigtes und wenig hilfreiches didaktisches Mittel erscheinen kann. Außerdem: Vielleicht ist die Vereinfachung eigentlich gar keine, oder es gibt eine andere Vereinfachung, die einfacher ist. Wir werden sehen.

Besonderer Dank gilt Dr. Olaf Rippe für seine kritische Lektüre und Korrektur des Manuskripts. Erneut haben wir gut zusammengearbeitet.

Bremen, Dezember 2013

1 Einige wichtige theoretische und klinische Konzepte

1.1 Empathie durch Introspektion und Markierung

Bitte stellen Sie sich einen kleinen Ausschnitt einer psychoanalytischen Sitzung vor, in der P. als Patientin und T. als Therapeut miteinander arbeiten (Rippe 2005, 2013). P. sieht T. bei der Begrüßung etwas länger als üblich an. »Merkwürdig, auf dem Weg hierher habe ich plötzlich gedacht, Sie sind bestimmt noch genauso verschnupft und erkältet wie am Freitag, aber das stimmt ja wohl nicht. Eigentlich hätte ich gar nichts zu sagen brauchen.« Nach einer Pause fährt P. fort: »Die Nacht von Freitag auf Samstag war ganz furchtbar, ich bin um vier Uhr aufgewacht, total angespannt, mein Herz raste, ich schwitzte überall und trotzdem war mir kalt. Sofort bin ich in das Zimmer unserer Tochter A. gegangen, sie war natürlich nicht da.« A. ist 18 Jahre alt und war vor einem halben Jahr auf dem nächtlichen Heimweg aus der Disco mit dem Auto verunglückt. Ein Freund wurde schwer verletzt, sie selbst hatte Glück im Unglück. Als die Unfallnachricht aus dem Krankenhaus kam, war P. zunächst wie gelähmt; dann kamen starke Ängste und Schuldgefühle, in der Erziehung und Fürsorge A. gegenüber total versagt zu haben. In dieser Nacht zum Samstag war die Angst ähnlich schlimm. Völlig zittrig und kaum in der Lage zu sprechen weckte P. ihren Mann D. Dieser war sofort hellwach und versuchte P. zu

9

trösten und zu beruhigen. P. berichtet weiter: »Für einen kurzen Augenblick fühlte ich mich beruhigt und dachte, vielleicht hat A. ja ihren alten Freund wieder getroffen, sie hat einfach die Zeit vergessen und kommt gleich erfüllt und fröhlich nach Hause und schimpft ein bisschen über mein Theater. Dann kam schon die nächste Welle der Angst. Ich sah mich als Kind, völlig allein und verlassen, schreiend im Bett, die Eltern kamen viel zu spät von einem Spaziergang zurück. Ich fühlte mich dann wieder scheinbar sicher, aber seitdem ist irgendwie mein ganzes Lebensgefühl zerstört. Die Angst kommt immer wieder, manchmal sogar schon, wenn jemand geht und die Tür hinter sich schließt. Früher habe ich zum Beispiel gebetet, ein Gebet nach dem anderen. Später habe ich manchmal gleich ein Beruhigungsmittel genommen, aber irgendwie hilft das alles nicht «.

Unterbrechen wir diesen Ausschnitt eines Stresserlebens und skizzieren in einigen Grundzügen, wie ein Psychoanalytiker mit diesem Erleben umgeht. T. versucht, sich in P. einzufühlen, dabei lassen sich zwei verschiedenen Zugänge schwerpunktmäßig unterscheiden – die empathisch-introspektive Wahrnehmung und die empathische Vertiefung ausgehend von den Markierungen. Beide Ebenen haben auch innerhalb des psychotherapeutischen Diskurses eine lange Tradition, die hier nur sehr reduziert wiedergegeben werden kann.

1.1.1 Empathie durch Introspektion

Kann man sich überhaupt in das Innenleben einer anderen Person einfühlen und es verstehen? Und wenn ja, mit welchen Möglichkeiten? Eine vorsichtige und wahrscheinlich realistische Antwort ist, dass es sich hier um eine Annäherung handelt, die von den beteiligten Personen als mehr oder weniger stimmig erlebt wird. Um überhaupt zwischen sich und einer anderen Person unterscheiden zu können, bedarf es der Introspektion, der Einfühlung in die eigenen Phantasien, Gefühle und körperlichen Prozesse. Diese lassen sich dann versuchsweise zuordnen als partielle Identifikation mit dem anderen, als Möglichkeit eines gleichen oder ähnlichen Erlebens. Diese Annahme bedarf einer fortlaufenden Überprüfung, nicht unbedingt in der Vorstellung, zu einer richtigen Position zu kommen, sondern um einen Prozess der vertieften Erforschung des Innenlebens (von beiden Beteiligten) zu fördern.

Welche Schritte können wir differenzieren? Bezogen auf das vorangestellte Beispiel achtet T. auf seine Gefühle, Fantasien und Handlungsimpulse, die sich im Zusammenhang mit P. einstellen. Gut vorstellbar ist, dass T. gegenüber P. Versorgungs- und Schutztendenzen empfindet, um P. in ihrer Panik zu helfen. T. stellt sich vor, P. wolle ihm mitteilen, wie einsam und hilflos sie sich häufig fühle, nicht nur in der aktuellen Paniksituation, sondern auch – auf der unbewussten Ebene – in der Therapie. Dieses Gefühl stellt sich immer wieder ein, nachdem die Therapiesitzung beendet ist und bei den verlängerten Pausen zwischen den Sitzungen – etwa am Wochenende oder bei Unterbrechungen. T. bemerkt aufkommende Schuldgefühle und vermutet, dass diese mit einer unbewussten Vorwurfshaltung von P. zusammenhängen könnten. Auf diesem Wege versucht T. Fragen und Interventionen zu entwickeln.

Wie ist das ursprüngliche freudsche Verständnis dieser Interpretation? Im Mittelpunkt der spezifisch psychoanalytischen Wahrnehmung stehen die so genannten Übertragungs- und Gegenübertragungsprozesse, die während des Therapieverlaufs als Zentren der emotionalen Konfliktdarstellung verstanden und bearbeitet werden. Hinsichtlich der Übertragung geht Sigmund Freud (1905, 1912) dabei von zwei grundsätzlichen Überlegungen aus:

- Jeder Mensch erwirbt in seiner Kindheit bestimmte, für sein Affektleben charakteristische Merkmale, die im Laufe seines Lebens strukturell verfestigt wiederkehren.

- Die unbewusst fixierte libidinöse Erwartung kann sich – insbesondere in Mangelsituationen – an alle Beziehungspersonen binden.

Anschließend an diese Grundpositionen formuliert Freud die entscheidende Auswirkung der Übertragung für die psychoanalytische Therapie:

»Jedes Mal, wenn wir einen Nervösen psychoanalytisch behandeln, tritt bei ihm das befremdende Phänomen der so genannten Übertragung auf, das heißt, er wendet dem Arzt ein Ausmaß an zärtlichen, oft genug mit Feindseligkeit vermengten Regungen zu, welches in keiner realen Beziehung begründet ist, und nach allen Einzelheiten seines Auftretens von den alten und unbewusst gewordenen Fantasiewünschen des Kranken abgeleitet werden muss. Jenes Stück

seines Gefühlslebens, das er sich nicht mehr in die Erinnerung zurückrufen kann, erlebt der Kranke also in seinem Verhältnis zum Arzt wieder, und erst durch ein solches Wiedererleben in der ›Übertragung‹ wird er von der Existenz wie von der Macht dieser unbewussten sexuellen Regungen überzeugt. Die Symptome, welche, um ein Gleichnis aus der Chemie zu gebrauchen, die Niederschläge von früheren Liebeserlebnissen (im weitesten Sinne) sind, können auch nur in der erhöhten Temperatur des Übertragungserlebnisses gelöst und in andere psychische Produkte übergeführt werden.« (Freud 1900, Freud 1905).

Fünf Jahre später – nach den ersten zusammenfassenden Formulierungen über die Übertragung (Freud 1905) – entwickelt Freud sein Konzept der Gegenübertragung (Freud 1910, 1912), das seitdem ausführlich und teilweise kontrovers diskutiert wird (Moeller 1977). Heute sieht man in der Gegenübertragung übereinstimmend ein Instrument,

»das dem Analytiker eine bedeutsame Verständnishilfe für den verborgenen Sinn der Mitteilungen des Patienten bietet. Der entscheidende neue Gedanke besagt, dass der Analytiker Wahrnehmungs- und Verstehenselemente für die sich im Patienten abspielenden Vorgänge besitzt, und dass diese Elemente nicht unmittelbar bewusst sind, aber vom Analytiker entdeckt werden können, wenn er seine eigenen Assoziationen beobachtet, während er dem Patienten zuhört.« (Sandler et al. 1973).

Bei diesem intrapsychischen Vorgang wird die Gegenübertragung in zwei Informationsbereiche aufge-

13

teilt, nämlich in die Wahrnehmung der so genannten Subjekt- und Objektrepräsentanzen, denen gegenüber eine doppelte Identifikation zu leisten ist. Im ersten Fall – der Subjektdimension – empfindet T. wie P., im zweiten Fall – der Objektdimension – wie eine wesentliche Beziehungsperson von P. (Moeller 1977). In der Subjektdimension (der konkordanten Identifizierung nach Racker 1993) fragt sich T., wie fühle ich selbst die Angst von P., was habe ich in vergleichbaren Situationen erlebt, wie waren meine Wünsche und Erwartungen an meine nächsten Beziehungspersonen? In der Objektdimension (der komplementären Identifizierung nach Racker) fragt sich T., wie fühlt wohl der Partner von P., oder die Tochter, oder auch andere wichtige Personen in der früheren und aktuellen Umgebung?

Die schwierigen Verhältnisse zwischen Übertragung und Gegenübertragung werden in vielen psychoanalytischen Arbeiten differenziert dargestellt und diskutiert (Bohleber 1999). Insbesondere geht es um die Frage der Wahrheit der psychoanalytischen Interpretation. Die kann es nach der gegenwärtigen Erkenntnistheorie nicht geben, sondern lediglich eine Konstruktion von Bedeutungen, die relativ bzw. vielgestaltig ist und nicht endgültig festgelegt werden kann. P. ist kein Objekt der Erkenntnis von T., sondern es handelt sich um die Begegnung von zwei Individuen mit subjektiven Erfahrungen, die einen Bedeutungszusammenhang erforschen.

In der Nähe der Übertragung und Gegenübertragung kann man den Vorgang der projektiven Identifizierung platzieren. Dieser bedeutete u. a. nach Bion ursprünglich, dass z. B. ein weinendes Kind sein Gefühl auf die Mutter verlagert (projiziert), die das Gefühl aufnimmt, verarbeitet und darauf reagiert (Containment der Mutter und Möglichkeit für das Kind, ein verändertes und vielleicht klareres Gefühl zu introjizieren).

Heute wird mit projektiver Identifizierung eher ein früher Abwehrmechanismus verbunden, der es dem Patienten ermöglicht, bedrohliche Gefühle im Inneren des Therapeuten zu deponieren. Dieser kann dann therapeutisch angemessen darauf antworten, indem er sich auf das deponierte Gefühl selbst bezieht, oder auf die strukturell eingeschränkte Selbst-Objekt-Differenzierung. Das „Verwickeltwerden", die „Ansteckung", der Wunsch „beantwortet zu werden" kann zum wichtigen therapeutischen Thema werden.

1.1.2 Empathie durch Markierung

Im Unterschied zur empathisch-introspektiven Wahrnehmung (mit dem Ausgangspunkt: **Was nehme ich wahr? Was beobachte ich in mir?**), geht diese Form der Empathie vom markierten aktuellen Selbsterleben des Patienten aus (**Was nehme ich wahr, wie er sich wahrnimmt?**). Demnach lassen sich zwei Schritte der Empathie unterscheiden (Milch 2001). Der erste Schritt wurde im letzten Abschnitt skizziert. T. kann diesem Konzept folgen oder sich intensiver auf die Selbstwahrnehmung von P. einstimmen. Dabei beginnt T. mit den aktuellen bewusstseinsnahen Fragen: Wie könnte die augenblickliche emotionale Verfassung von P. sein (der berichtete Angstanfall liegt ja schon einige Zeit zurück)? Gibt es einen Schwerpunkt, den P. bearbeiten möchte? Gibt es dafür ver-

schiedene Signale oder Markierungen? In der psychoanalytischen Praxis ist es grundsätzlich wichtig, die
Signale eines Patienten zu erkennen, die er selbst setzt
für die Problembereiche, die er andeutungsweise ahnt
und erkennt, die er aber nicht genau formulieren kann.
Hier geht es zunächst darum, den Patienten zu unter-
stützen, sein unklares inneres Empfinden zu erforschen. Das »Erforschen« ist wichtig, oder – mit anderen Worten – das Schaffen des »inneren Raumes«,
eine Verbesserung »der Intimität mit dem eigenen
Selbst«. Psychotherapeuten erwarten nicht das voll-
ständige Verstehen, die »richtige« Deutung, sondern
versuchen die Introspektionsfähigkeit zu fördern.

Gehen wir zu unserem Eingangsbeispiel zurück: P.
beginnt mit Assoziationen zur Erkältung von T., die
nach ihrem Gefühl eigentlich nicht mehr aktuell sind.
P. ist überrascht, sie signalisiert ihre Irritation über
ihren eigenen Einfall und setzt somit eine Markierung
für eine gemeinsame Suche nach Verstehen. T. unter-
stützt P. in dem Versuch, sich selbst tiefer zu explorie-
ren. Er geht davon aus, dass dieser Einfall zu ihm
nicht zufällig entstanden ist, sondern einen wichtigen
aktuellen Aspekt des Erlebens von P. fokussiert. Dieser wiederum kann gut geeignet sein, dass P. – in der
aktuellen Situation – mit ihren Gefühlen in Kontakt
kommt.

In der psychoanalytischen Literatur habe ich keine
Zusammenfassung über solche Marker des empathi-
schen Erforschens gefunden, wohl aber bei einer For-
schungsgruppe um Leslie Greenberg (2003), die sich
selbst zwischen den psychodynamischen und den
behavioralen Theorien und Therapieschulen einord-

net. Greenberg et al. benennen für die Marker sechs unterschiedliche Ebenen:

- die irritierte Reaktion über ein Ereignis (1)
- das mangelhafte Selbstverständnis (2)
- die konflikthafte Selbstbewertung (3)
- der Selbstunterbrechungskonflikt (4)
- die unerledigte Gefühlsarbeit (5)
- die große Verletzbarkeit (6)

Zur Veranschaulichung dieser Ebenen berichte ich über (hier sprachlich formulierte) Kurzbeispiele der Patientin P., die jeweils das aktuelle Stresserleben und dessen nicht gelingende Verarbeitung markieren.

(1) P. schildert eine Reaktion oder ein Gefühl, das ihr selbst als problematisch, irritierend, ungewohnt auffällt, ohne dass sie von sich aus die Zusammenhänge weiter klären kann. Die angesprochene Erkältung wird in dieser Weise markiert.

(2) P. beschreibt ein inneres Empfinden, das für sie fehlt oder ganz undeutlich ist. Kurzbeispiel:»Seitdem unsere Tochter verunglückt ist, weiß ich überhaupt nicht mehr, was ich für meinen Mann D. empfinde. Irgendetwas scheint in mir los zu sein, ich weiß nicht, was es ist, es geht alles durcheinander.«

(3) P. beklagt eine Zerrissenheit ihrerseits – eine Selbstbewertungsspaltung. Kurzbeispiel:»Ich bin so total ängstlich. Ich müsste aber aktiv sein, viele Pflichten erledigen. Stattdessen sitze ich herum und warte auf den nächsten Angstanfall.«

(4) P. beschreibt eine Gefühlsblockade – eine selbstunterbrechende Spaltung. Kurzbeispiel:»Die Liebe und Bindung zu meiner Tochter ist da, aber diese Gefühle werde ich nie wieder einem anderen Menschen gegenüber zulassen, ich will nichts mehr fühlen oder brauchen oder mein Herz an jemanden hängen.«

(5) Es geht um eine unabgeschlossene emotionale Angelegenheit. Kurzbeispiel: »Ich spüre auch viel Wut auf meine Tochter. Aber ich habe immer das Gefühl, es geht dabei um meine Mutter. Der konnte ich ja nie etwas sagen, noch heute habe ich den Wunsch, sie mal richtig anzuschreien. Aber was macht das für einen Sinn, das ist doch schon ganz lange her«.

(6) P. zeigt sehr schmerzhafte Gefühle, bezogen auf die eigene Person. Kurzbeispiel: »Eine Sache habe ich noch nie jemandem erzählt, davor habe ich die größte Angst, ich könnte vor Scham versinken«.

Natürlich erfasst auch diese Version der Empathie – die der stellvertretenden Introspektion und der Alter-Ego-Beziehung entspricht – nur einen Ausschnitt der Natur des psychoanalytischen Verstehens. Ich plädiere allerdings für eine besondere Beachtung der Markierungen, weil dadurch eine Fähigkeit geschult wird, in die innere Welt des Erlebens eines Patienten einzutreten und dort mit ihm eine gemeinsame Erforschung zu beginnen. Um das psychoanalytische Verstehen in seiner ganzen Komplexität darzustellen – gemeint ist der Versuch – bedarf es einer umfassenden Diskussion auch der Empathie, die eine Reihe verschiedener Bedeutungen und Thesenbildungen enthält (vgl. Daser 1999, Orange 2004).

Die durch Empathie und Introspektion gewonnenen Hypothesen werden in der psychoanalytischen Metapsychologie weiter verarbeitet. Hierbei handelt es sich um die abstrakteste Theorieebene der Psychoanalyse, die auch heute noch Bestand hat, obwohl sie gelegentlich als zu mechanistisch und erlebensfern kritisiert wird.

1.2 Die psychoanalytische Metapsychologie

Nach einer kurzen Übersicht wird das Eingangsbeispiel zur Veranschaulichung genutzt.

Bestimmt durch eine naturwissenschaftlich orientierte Grundhaltung entwickelte Freud seine zentralen psychoanalytischen Theorien im Sprachgebrauch eines physiologischen bzw. physikalischen Modells. Dieser systematische Aufbau wurde insbesondere ab 1970 aus wissenschaftstheoretischer Perspektive verstärkt diskutiert, da der ursprüngliche Ansatz zu mechanistisch erschien und durch die stärkere Beachtung einer Beziehungsdimension (z. B. Kind-Eltern oder Patient-Therapeut) abgelöst oder zumindest ergänzt werden sollte. Aus der heutigen Perspektive lassen sich – als wichtiges heuristisches Prinzip – einige Grundannahmen zusammenfassen, nach denen jedes psychische Phänomen untersucht und interpretiert werden kann.

Der topische Gesichtspunkt unterscheidet unbewusste und bewusste Qualitäten psychischer Prozesse. Geht es um die Persönlichkeitsstruktur (struktureller Gesichtspunkt) werden Es, Ich, Überich und Ichideal unterschieden. Das Es erfasst die Triebpotenziale (Libido und Aggression), das Ich die gnostischen Funktionen, die Realitätsprüfung und die Abwehrmechanismen. Überich und Ichideal enthalten die Bewertungen und Zielvorstellungen. Der dynamische Gesichtspunkt untersucht das intrapsychische Kräftespiel zwischen den beteiligten Instanzen. Bei der psychoökonomischen Perspektive geht es um die Stärke der Triebimpulse und Abwehrvorgänge und die darin gebundenen Motive und Gefühle. Der entwicklungspsychologische (psychogenetische) Ansatz untersucht den Entwicklungsaspekt, der adaptive Ansatz die Anpassungsvorgänge zwischen Person und Umwelt.

Psychische Phänomene können nur dann einigermaßen verstanden werden, wenn alle genannten Gesichtspunkte Beachtung finden. Führen etwa chronische Belastungen zu einer Depression, lässt sich die folgende kurze Skizze entwerfen: Libidinöse Strebungen werden frustriert, die Aggression wendet sich gegen die eigene Person. Das Überich ist zu streng, das Ichideal ist von unbewussten Größenphantasien erfüllt. Die gnostischen Funktionen, die Affektivität und die Motorik sind gehemmt, verschiedene Abwehrmechanismen dominieren, die Wirkung nach außen ist aggressiv geprägt durch Verschlossenheit und Schwermut. Es stellt sich die Frage, wie dieses Symptombild biografisch entstanden ist.

Nun zu der angekündigten Veranschaulichung mit dem Eingangsbeispiel.

1.2.1 Topische Perspektive: unbewusste Determinanten

Freud unterschied drei psychische Systeme, das Bewusste, das Vorbewusste und das Unbewusste. Die oft aus dem Unbewussten aufkommenden Wünsche (sexueller oder aggressiver Art) werden Ausgangspunkt für Konflikte und Symptombildungen. Aus diesem Blickwinkel liegt folgende Hypothese für den nächtlichen Angstanfall unserer Patientin P. nahe: P. hat eine weiterhin sehr enge Bindung zur Tochter A., die sich in einem Lösungsprozess von ihr befindet. P. ist innerlich erfüllt mit Ärger und Wut, dass sich A. ihrem mütterlichen Einfluss entzieht und ihren eigenen Weg geht. Diese Aggressionen sind P. unbewusst und werden dort gehalten, um die bewusste liebevolle Nähe nicht zu gefährden. Aus dieser inneren Spannung entwickelt sich die Angst als Resultat eines intrapsychischen Notzustandes.

1.2.2 Strukturelle Perspektive: Funktionsweise der Psyche

Die psychische Struktur besteht nach Freud aus drei Instanzen, dem Es (primäre Triebbedürfnisse der Sexualität und der Aggression), dem Überich (moralische Forderung und Idealbildung) und dem Ich (Vermittlungsfunktion, Realitätskontrolle). Das Ich hat verschiedene Möglichkeiten der Anpassungsarbeit, z. B. kann es Bedürfnisse befriedigen, sie verschieben, verdrängen, sublimieren oder auch vor ihnen flüchten.

Gehen wir auf unser Beispiel P. zurück, bekommen wir wichtige Hinweise zu einer Einschätzung der Ichfunktionen. In der beschriebenen Angstsituation wird das Ich von P. durch die Angst „überschwemmt" und kann seine regulierende Funktion nicht sicher aufrechterhalten. Auch in ihrer Lebensgeschichte spielte die Angst eine große Rolle und veranlasste sie, immer wieder Schutzpersonen, sogenannte steuernde Objekte (König 1981) zu suchen, denen sie allerdings nie abgrenzend oder ärgerlich-wütend begegnen durfte. In dieser Fixierung zeigt sich die eingeschränkte Ichstruktur von P. Ihre emotionale Reagibilät ist reduziert, insbesondere gegenüber den aggressiven Gefühlen Ärger, Wut und Hass, aber auch bei einem Trennungserleben (Schmerz, Trauer). Diese Gefühle können weder ausgedrückt noch affektiv kommuniziert werden.

1.2.3 Dynamische Perspektive: Richtung und Stärke der psychologischen Kräfte

Dieser Gesichtspunkt betont zwei Aspekte:

- Emotionale Grundbedürfnisse verlangen ihre Befriedigung.

- Ein stark verletztes „narzisstisches Ich" sucht die Wiederherstellung des Selbstwertgefühles bzw. der Selbstkohärenz.

Diese Zweiteilung ist Ausdruck der gewachsenen pluralistischen Tendenzen in der Psychoanalyse, die etwa ab 1970 begonnen haben (z. B. Habermas 1968, Lorenzer 1973, 1974, Ricouer 1969, Thomä und Kächele 1973).

Bei unserer Patientin können wir die beiden genannten Aspekte – z. B. die unterdrückte Aggression und das verletzte Ich – entdecken. P. kann die wachsende Autonomie ihrer Tochter nicht integrieren und nicht die damit verbundenen libidinösen und aggressiven Spannungen. P. will die Funktion eines „steuernden Objektes" aufrechterhalten, um nicht in ein psychisches Ungleichgewicht zu geraten. Dieser Anteil der Beziehung zwischen P. und A. wird verstanden als

Wiederholung einer alten Beziehungsdynamik mit neuen Objekten.

1.2.4 Psychoökonomische Perspektive: psychoenergetische Bewegungen und Veränderungen

Innere Spannungen können zu- oder abnehmen, wobei die Psyche individuell unterschiedlich fähig ist, diese Spannungszustände zu ertragen. Unsere Patientin P. hat im Hinblick auf Trennungs- und Verlassenheitssituationen eine hohe Sensibilität entwickelt. Sie hatte bereits als Kind nächtliche Angstanfälle, konnte nie gut allein sein und fühlte sich häufig instabil und verletzlich. Die Nähe und Verfügbarkeit der Bezugsperson vermochte die Affektstürme zu mildern, daraus entwickelte sich jedoch eine geringe eigene psychische Stärke. Diese Zusammenhänge lassen sich mit Hilfe von Begriffen, wie dem Funktionsniveau der Persönlichkeit, der Leistungsfähigkeit des Ich oder der ichstrukturellen Störung beschreiben.

1.2.5 Entwicklungspsychologische Perspektive: biografische Entstehungsbedingungen

Rudolf (2000a, 2000b) formuliert ein integratives Modell der Entstehung psychischer Störungen, das in der folgenden Übersicht zu den einzelnen Entwicklungsschritten und Störungsfolgen hier zusammengefasst wird.

Die angeborene biologische Ausstattung
Es gibt viele Hinweise, dass die körperliche Konstitution, Ausprägungen des Temperaments, der Begabung, der Impulsivität oder der Schmerzempfindlichkeit genetisch mitbestimmt sind. Auch im Hinblick auf die Entstehung psychischer und körperlicher Erkrankungen ist eine partielle psychische und körperliche Disposition nachgewiesen, die somit zu einem familiär höheren Risiko führen kann.

Die intrauterine Entwicklung
Verschiedene Substanzen aus dem Blut der Mutter (z. B. Nikotin, Medikamente) wirken auf den Fötus ein. In seinem Einfluss nicht exakt belegbar ist der Einfluss mütterlicher Stresshormone oder auch lange anhaltender aversiver Zustände der Mutter (Angst, Verzweiflung, Wut). Aus der psychologischen Sicht ist durch eine Reihe von Studien (Dornes 1997) gut belegbar, dass eine sozial und psychisch stabile Frau zu dem noch ungeborenen Kind eine personale Beziehung – mit vielen Gefühlen und Fantasien – aufnehmen kann. Die Art der Beziehungsrepräsentanz ermöglicht eine Einschätzung der späteren Bindung zwischen Kind und Mutter. Demgegenüber entwickelt eine sozial und psychisch stark belastete Mutter deutlich weniger personale Fantasien zum ungeborenen Kind, sondern eher ein Schwangerschaftserleben, das als einschränkend und fremd empfunden wird. Diese Hinweise und Hypothesen bedürfen einer weiteren Beachtung hinsichtlich ihrer Einwirkung auf Gesundheit, Stressbelastbarkeit und Erkrankung des Kindes.

Der Aufbau des Kommunikationssystems
Die wechselseitige Näheregulierung zwischen Mutter und Kind ist abhängig von der Vitalität und Störbarkeit des Kindes und der ruhigen Zuwendung und Einfühlung der Mutter. Auf der Seite der Mutter kann eine Vielzahl von Faktoren beeinflussen, ob überwiegend Gelassenheit oder Erregung und Spannung dominieren. Nicht nur die psychische Belastbarkeit der Mutter durch ihre eigene Lebensgeschichte spielt dabei eine große Rolle, sondern auch der aktuelle sozioökonomische Status und die Stressbelastung in den persönlichen Beziehungen und im Beruf.

Der Aufbau des Bindungssystems
Kind und Mutter haben in ersten Schritten gelernt, sich voneinander zu unterscheiden und einen Weg der Näheregulierung zu finden. Für das Kind geht es jetzt darum, positive Beziehungserfahrungen zu internalisieren und positive Selbstaspekte aufzubauen. Dazu gehören die Einübung der Kommunikation und die Differenzierung der verschiedenen Basisgefühle, die von Geburt an präsent sind und in der mütterlichen Dyade beantwortet werden (Freude, Angst, Ärger, Trauer).

Der Aufbau des Autonomiesystems
Das kindliche Autonomiesystem entwickelt sich besonders im zweiten und dritten Lebensjahr. Eigenwilligkeit, Aktivität und Initiative beginnen zu wachsen. Ist das Kind zu eng gebunden, entstehen schwer lösbare Konflikte zwischen den Bindungswünschen und den aktiv-aggressiven Tendenzen. Wie bereits erwähnt vermuten wir diese Dynamik bei der Patientin

P. Verschiedene Kontrollmechanismen werden zur Angstvermeidung eingesetzt, insbesondere das Festhalten an „steuernden Objekten". In dieser Weise wird die Angst vor der eigenen Aktivität und Aggressivität unterdrückt. Versagt die Steuerungsfunktion kommt es zu einer Spannungssteigerung und häufig zu einer überflutenden Angst.

Das Identitätssystem

Das Kind (zwischen dem 4. und 6. Lebensjahr) entwickelt die eigene sexuelle und soziale Eindeutigkeit in der Beziehung zu den Eltern und den Geschwistern. Ein häufiger Konflikt liegt in der partiellen Rollenzuschreibung, Partnerersatz für ein Elternteil darzustellen oder Erwachsene in kindlichen Wünschen und Forderungen zu versorgen. Dadurch wird das Kind in seiner Identitätsentwicklung sehr verunsichert. Es entwickelt ein starkes Bemühen, die zugedachte Rolle zu erfüllen und die eigenen Bedürfnisse zurückzustellen.

In den weiteren Entwicklungsschritten und Lebensschwellen müssen sich die bisher erworbenen Fähigkeiten in immer wieder auftauchenden Belastungssituationen, in der Adoleszenz, bei der Familiengründung, in Beziehungskrisen, bei Krankheiten, dem Älterwerden usw. bewähren. Bringt ein Kind viel Kompetenz mit, können auch schwere Belastungen bewältigt werden, ist die Basis nur wenig tragfähig, reichen kleine Krisen aus, um das Selbst in Not zu bringen.

1.2.6 Adaptive Perspektive: Anpassungsfunktion

Dieses Modell beinhaltet Überlegungen, inwieweit heute eine Verhaltensweise schlecht angepasst ist, die vielleicht früher eine adäquate Reaktion auf die damaligen Verhältnisse bedeutete. Durch diese Entwicklung in der Psychoanalyse (beginnend bei Erikson) wird neben der Instanz ICH eine weitere Instanz SELBST eingeführt. Das SELBST gilt als übergeordnete reflexive Struktur und erfasst die Gefühle des Selbstwerts, der Sicherheit und des Wohlbehagens. Über den Weg der Objektbeziehung und der Ausgleichstätigkeit des ICH entwickelt das SELBST ein eigenes Bild von sich und versucht dieses Bild aufrechtzuerhalten, aber auch im Sinne einer Wunscherfüllung zu verändern. Dieses ganzheitliche Geschehen des Selbst, bei dem die einzelnen Substrukturen (Es – Ich – Überich) unterschiedliche Aufgaben erfüllen können, wird durch eine starke oder lang anhaltende Belastung destabilisiert. In einem Angstanfall z. B. kann das Ich nicht mehr ausreichend verdrängen, es ist geschwächt, muss andere Ressourcen aktivieren, das Überich wird vielleicht noch strenger und verurteilender und das Versagen am Ichideal ist unausweichlich nahe. Insgesamt entsteht vielleicht ein Bild, das als ein „ohnmächtiges Selbst" erlebt und bezeichnet werden kann.

2 Das Modell Es-Ich-Überich

Von den genannten metapsychologischen Gesichts-
punkten der Psychoanalyse ist wahrscheinlich das
Strukturmodell (Abschnitt 1.2.2 Es-Ich-Überich) das
Kernkonzept mit der konstantesten und umfassendsten
Erklärungskraft. Ich fasse zusammen und beginne mit
der Instanz Es. Bei der Nennung der Vertreter der
verschiedenen psychoanalytischen Schulen nutze ich
die Übersicht von Jungclaussen (2013).

Das Es ist die bevorzugte Instanz der Triebpsycholo-
gie. Der Trieb ist die biologisch begründete Kraft des
Lusterlebens und der Unlustvermeidung. Heute wird
der Trieb eng verbunden mit den Affekten, die als
Bausteine der Triebe verstanden werden. Lichtenberg
(z. B. 1991) ersetzt das Konzept der Aggression und
Sexualität durch fünf unterscheidbare Motivationssys-
teme. Neuere Triebtheoretiker sind u. a. Laplanche,
Segal, Sandler und Sandler.

Das Ich ist die Instanz der Anpassung, des „In-
Einklang-Bringens", der Suche nach dem „Gleichge-
wicht". Neuere Ich-Psychologen (nach Anna Freud,
Hartmann, Rapaport) sind Arlow, Brenner, Gray,
Busch.

Das Überich – manchmal werden auch Überich
und Ichideal getrennt genannt – erfasst die intro-
jizierten Beziehungserfahrungen, Normen und die
Suche nach Objekten, die spiegeln und bestätigen
(Selbstobjekte). Mit diesen inneren Objekten beschäf-
tigen sich heute wohl die meisten Psychoanalytiker,

bezugnehmend auf Klein, Fairbairn, Winnicott, Bion, Kernberg, Kohut, Basch, Lichtenberg u.a.

Die Erfahrungsbestände dieser Schulen – und einiger anderer mehr – bestimmen neben den persönlichen Besonderheiten in einer sehr individuellen Mischung die therapeutische Haltung und Technik des Behandlers (siehe z. B. Rippe 2013).

In einer verdichteten Praxisperspektive verwenden Therapeuten heute meist zwei – mit Einschränkungen drei – verschiedene Modelle der Krankheitsentstehung, der Indikation und der Therapietechnik. Das klassische Modell ist die Perspektive des intrapsychischen Konflikts, dann folgt die viel diskutierte Strukturperspektive, die Traumaperspektive ist unübersichtlich – sowohl in ihrem jetzigen Standort als auch in Hinblick auf ihre Entwicklung.

Ich skizziere zunächst die Krankheitsentstehung, dann die Indikation und die Therapietechnik und gehe dabei jeweils nacheinander die drei Perspektiven – Konflikt, Struktur, Trauma – durch.

3 Krankheitsentstehung

3.1 Krankheitsentstehung –
Intrapsychischer Konflikt (Beispiel 1)

Frau D. (35 Jahre, Fotografin) wendet sich an eine psychotherapeutische Ambulanz, weil sie sehr unter heftigen, anfallsartigen Kopfschmerzen leidet. Die Symptomatik besteht seit 10 Monaten, die üblichen Untersuchungen waren ohne Befund. Der erste Anfall geschah nach einem Besuch der Patientin bei ihrem drei Jahre älteren Bruder, einem sehr erfolgreichen Geschäftsmann, der bereits in der Kindheit wegen seiner Tüchtigkeit sehr viel positive Resonanz von beiden Eltern bekam, ohne dass die auch immer recht gut aufgestellte Patientin bewusst besonders darunter gelitten hat. Sie war mit ihrem bisherigen Leben ganz zufrieden, auch mit ihrer Partnerschaft und den zwei Kindern, aber jetzt dieses Symptom. Zur Auslösung ließ sich weiter präzisieren, dass der Bruder sich eine von der Patientin zu bearbeitende Fotografie zum Geburtstag gewünscht hatte. Die Patientin war darauf gerne eingegangen und hatte ihm ihr Werk zuge-schickt. Bei dem nächsten, dann wohl symptom-auslösenden Besuch hatte die Patientin „vergessen" nach dem Foto zu fragen, der Bruder hatte nichts er-wähnt und das Foto hing nirgends im Haus, wie es eigentlich geplant war.

Kommentar: eine unerwartete Kränkung durch eine wichtige Beziehungsperson löst wohl eine heftige Flut von Versagensangst und Wut aus. Im psychischen Erleben ist kein Raum für diese Gefühle, die körperli-

31

che Verarbeitung muss einspringen. Das Überich kann die Aggression nicht aushalten.

Eine wichtige Besonderheit der intrapsychischen Konflikte ist, dass sie sowohl zwischen den Instanzen, als auch innerhalb einer Instanz stattfinden können. Im angeführten Beispiel kann man sowohl einen Konflikt zwischen Es und Überich annehmen (Aggression ist verboten) als auch einen Konflikt im Es (zwischen Liebe und Hass). Auch in der Instanz Überich bzw. Ichideal gibt es häufig unbewusste Konflikte (z. B. zwischen dem Druck, erfolgreich zu sein, nicht nur im Beruf, sondern gleichzeitig auch als in sich ruhende Mutter und als strahlende Partnerin).

3.2 Krankheitsentstehung – Struktur (Beispiel 2)

Herr W. (58 Jahre, angestellter Kaufmann in der Immobilienbranche) kommt schwer bepackt mit zwei Ordnern und einer Umhängetasche 15 Minuten verspätet, wegen der Straßenbauarbeiten sei er mit dem Fahrrad unterwegs und habe dann die Praxis nicht gefunden. Außerdem wisse er gar nicht, was er eigentlich bei einem Psychotherapeuten solle. Die Depressionen seien zwar immer schlimmer geworden, darüber brauche er auch gar nicht zu sprechen, das könne man ihm ansehen und „dann weiß man Bescheid. So ist das eben, lebenslang. Der alte Hausarzt, der kannte sich aus, ‚zack' hat er die Medikamente verschrieben, manchmal auch ein anderes, oder hat die Dosis geändert, aber alles o.k". Der neue Hausarzt – Herr W.

kommt langsam in Fahrt – „der fragt nach meiner Familie, nach meiner Arbeit". Herr W. wird jetzt immer wütender, springt auf und setzt sich wieder auf die äußerste Kante des Sessels. Dann wendet er sich an seinen Therapeuten und sagt voller Ablehnung „und jetzt sitze ich auch noch bei Ihnen, nur weil der Neue das wollte". An dieser Stelle beginnt der Therapeut Herrn W. behutsam zu fragen, warum ihn der alte Hausarzt beruhigt und ihn der neue irritiert.

Kommentar: es geht um den Versuch, eine kooperative Objektbeziehung (Arbeitsbündnis) zu fördern. Gleichzeitig entsteht die Hypothese, dass Herr W. eine Idealbeziehung sucht, die ihn beruhigt und versorgt, wobei er die Enttäuschung auf ein anderes Objekt abspaltet. Zum Entwicklungshintergrund erfährt der Therapeut später in den probatorischen Sitzungen, dass Herr W. in einer Zwei-Mütter-Kindheit aufgewachsen ist, mit einer eher kühlen und rationalen Mutter und einer sehr weichen und warmen Großmutter.

Mithilfe des Beispiels lassen sich auch zwei wesentliche unterschiedliche Strukturbegriffe unterscheiden.

1. Die inhaltliche Struktur (narzisstisch, depressiv, hysterisch usf.) gibt Auskunft über die typische Art des Wahrnehmens und Erlebens eines Menschen und ist auch sehr wichtig für die Einschätzung, wie ein Patient die Therapeutin oder den Therapeuten erlebt. Im Beispiel stehen Kränkung, Bedrohung und Wut wohl im Vordergrund.

2. Die formale bzw. funktionale Struktur versucht eine Einschätzung des Strukturniveaus auf fol-

genden Ebenen (Arbeitskreis OPD 2006, Hohage 2011):

- Wie differenziert ist die Affektivität und Selbstwahrnehmung?
- Wie ist die Qualität der Objektbeziehungen bzw. Objektwahrnehmungen?
- Wie steuert sich der Patient? Kann er sein Überich integrieren?
- Wie reguliert der Patient seine Beziehungen?
- Wie kommuniziert der Patient mit sich und mit anderen?
- Gibt es positive Bindungen an andere und an innere Objekte?
- Welche charakteristischen Abwehrformen gibt es?

Im Hinblick auf die Krankheitsentstehung nach der Strukturperspektive entsteht häufig der erste Eindruck „das war schon immer so". Sehr oft täuscht dieser Eindruck, da bei genauerer Überlegung Phasen unterschiedlicher Selbstzustände und Bewältigungsmuster deutlich werden, die eine wechselnde Stabilität des Patienten verstehbar machen. Hier liegen dann auch wertvolle Anhaltspunkte für eine mögliche Therapie.

3.3 Krankheitsentstehung – Traumafolgestörung

Hier sind mehrere Kombinationen möglich. Im Allgemeinen wird davon ausgegangen, dass die schweren Persönlichkeitsstörungen (insbesondere die Borderline-Persönlichkeitsstörung) in einem hohen Prozentsatz auch von Traumafolgen bestimmt sind. Beziehungs- und Bindungstraumatisierungen führen dann zu Strukturdefiziten, die sich als Störungen der Informationsverarbeitung und des Gedächtnisses zeigen. Das Trauma ist in der Gegenwart nicht mehr da, aber die affektive Überflutung und das Erinnern von Teilaspekten.

Andererseits kann eine Traumafolgestörung bei einer normalen Persönlichkeitsentwicklung auftreten (z. B. nach einem schweren Verkehrsunfall). Dieser Patient könnte keine oder auch aktuell wirksame intrapsychische Konflikte haben.

In den folgenden Abschnitten geht es um die Indikationsstellung, nach dem gleichen Schema: Konflikt, Struktur, Trauma.

4 Indikation

4.1 Indikation – intrapsychischer Konflikt

Ich gehe zurück zum Beispiel 1. Das Beispiel zeigt einen begrenzten intrapsychischen Konflikt, der aktuell wirksam ist. Es gibt keine berichteten weiteren Konflikte und Strukturauffälligkeiten. Anhaltspunkte dafür, dass die Patientin eine regressive Entwicklung auf der Couch und die Aktualisierung der Übertragung benötigt, sind nicht offensichtlich. Eine Fokaltherapie wäre gut vorstellbar, wenn die Indikationsstellung adaptiv nicht bestätigt wird, kann eine analytische Psychotherapie vorgeschlagen werden.

4.2 Indikation – Struktur

Ich gehe zurück zum Beispiel 2. Voraussetzung für die Indikationsstellung ist, dass der Therapeut die affektiven Besonderheiten dieses Patienten vertragen kann und dass sich eine positive Objektbeziehung in den Vorgesprächen herstellen lässt. Außerdem sollte das Therapieziel (realistisch) deutlich geklärt sein und eine inhaltliche Schwerpunktthematik angesprochen werden, z. B. zum Bereich Affektdifferenzierung und Affektregulierung, vielleicht besonders die Verarbeitung von Gefühlen bei Kränkung und Enttäuschung.

4.3 Indikation – Traumafolgestörung

Die Kombination der unter Krankheitsentstehung genannten Möglichkeiten bestimmt die Indikation und die Therapieplanung. Der Therapeut begründet jeweils die Zielsetzung des Therapieverfahrens.

- Traumatherapie bei Akuttraumatisierung und normaler Persönlichkeitsentwicklung und normalen intrapsychischen Konflikten

- Strukturbezogene Psychotherapie bei Persönlichkeitsstörungen, möglicherweise mit Einbeziehung von traumatherapeutischen Verfahren

- Eine geplante Bearbeitung intrapsychischer Konflikte soll besonders beachten, ob die aktuelle Ich-Stärke des Patienten geeignet ist, von dieser Arbeit zu profitieren

5 Therapietechnik

5.1 Therapietechnik – intrapsychischer Konflikt

Bitte erinnern Sie sich an das erste Beispiel (die Fotografin):

Unbewusster Konflikt – trifft auf Auslösung (Schlüssel-Schloss-Prinzip) – Abwehr gelingt nicht komplett – Angst – Regression – frühe Angst – Abwehr – Abwehr misslingt – Symptom

In einer ersten (initialen) Indikation könnte man eine begrenzte Fokaltherapie beginnen. Wenn sich bei einer fortlaufenden Prüfung der (adaptiven) Indikation herausstellen würde, dass die Patientin auch andere intrapsychische Konflikte hat oder unter strukturellen Besonderheiten und Einschränkungen leidet, könnte eine analytische Psychotherapie fortgesetzt werden. Diese wiederum setzt dann allerdings voraus, dass das Ich ausreichend stabil ist, um eine Fähigkeit der Regression überhaupt nutzen zu können.

Beide hier angesprochenen Wege – die Fokaltherapie als eine Untergruppe der tiefenpsychologisch fundierten Therapieverfahren (in den PT-Richtlinien) und die analytische Psychotherapie – lassen sich in folgenden Schritten darstellen:

1. Aufbau einer Arbeitsbeziehung (Sicherheit und Halt, in beiden Verfahren gleich)

2. Auslösende Konfliktsituation erfassen (in beiden Verfahren wichtig, wird in den Fokaltherapien häufig stärker beachtet und auch besprochen)

3. Affekte (Angst) als Tor bzw. Einstieg in die therapeutische Arbeit nutzen (bei beiden Verfahren gleich)

4. Konfrontieren, Klären, Deuten, Durcharbeiten, Betrauern (nach Greenson):

   Konfrontieren:
   „Eine andere Idee ist …" / „Ich kann verstehen, dass …, aber …" / „Man kann das so sehen …, aber …"

   Klären:
   „Erinnern Sie sich noch genau, wie …" / „Ich habe noch nicht ganz verstanden …"

   Deuten:
   „Sie hatten vielleicht Sorge, dass ich …" / „Vielleicht war das unangenehm, als ich …"

Diese drei Komponenten sind in beiden Verfahren vergleichbar, allerdings wird in den heutigen Empfehlungen zur Fokaltherapie überwiegend (d. h. nicht in allen Konzepten) vertreten, die Übertragung nicht zu sehr zu betonen, sondern mehr ein konstantes positives Arbeitsbündnis zu sichern. Fokussieren und Begrenztheit ermöglichen kein umfassendes Durcharbeiten in einer regressiven Übertragungsentwicklung und auch kein ausführliches Betrauern kindlich unerfüllbarer Wünsche.

5.2 Therapietechnik – Struktur

Bitte erinnern Sie sich an das zweite Beispiel (der alte und der neue Hausarzt).

Das Ich (Es-Ich-Überich) hat ein Problem in der angemessenen Regulierung – kann keine Integration, keinen Ausgleich finden. Erhebliche klinische Auswirkungen sind z. B., sich selbst nicht richtig erleben und emotional verstehen zu können, sich von anderen abgeschnitten und verwickelt zu fühlen.

Rudolf (2004, z. B. S.195f.) unterscheidet insgesamt sechs verschiedene Typen der strukturellen Störungen mit unterschiedlicher Gewichtung und ein darauf bezogenes therapeutisches Vorgehen.

Die Logik der strukturellen Funktionen führt zu den folgenden Therapieschritten.

1. Aufbau einer Arbeitsbeziehung

2. Symptomauslösende Konstellation erfassen (meistens Stresszunahme, Überforderung, kein klares Schlüssel-Schloss-Prinzip)

3. Klären von Therapiezielen und Themenschwerpunkten

4. Absprache von Prioritäten, Treffen von Vereinbarungen

5. Arbeit an einer Nachentwicklung von Strukturdefiziten (z. B. der Affektregulierung bei überflutenden Ängsten oder der Gefühlsdifferenzierung bei Somatisierungsstörungen)

6. Bei einer Verbesserung der strukturellen Fähigkeiten ist eine Arbeit an den intrapsychischen Konflikten möglich

5.3 Therapietechnik – Traumafolgestörung

Zur Erinnerung: bei den Punkten Krankheitsentstehung und Indikation wurde auf die Kombination verschiedener Bedingungen hingewiesen.

1. Ein Trauma (schwerer Verkehrsunfall, dadurch massive Ängste, getriggert durch kleine Auslöser, Distanzierung ist nicht möglich) kann bei einer normalen Persönlichkeitsentwicklung auftreten.
   Therapieschritte: Aufbau einer Arbeitsbeziehung, dann z. B. EMDR, imaginative Techniken, Bearbeitung der aktuellen und zukünftigen Lebensbedeutung

2. Trauma in einer gleichzeitig bestehenden Konfliktsituation.
   Therapieschritte: Zuerst Bearbeitung des Traumas, dann der Konflikt, da sonst die affektiven Überflutungen die Bearbeitung des Konfliktes behindern würden.

3. Trauma bei struktureller Pathologie.
   Hier treffen infantile Beziehungs- und Bindungstraumatisierung, Traumafolgestörung und strukturelle Defizite zusammen. Intrapsychische Konflikte können noch hinzukommen.
   Therapieschritte:

   - Aufbau einer Arbeitsbeziehung (Sicherheit, Halt, Stärkung der Bewältigungskompetenz)
   - Strukturmodell (Selbstbeobachtung anleiten, mehrere Perspektiven lernen, Emotionsregulierung)

- Traumamodell (z. B. Ablenkungstechniken, imaginative Techniken)
- Konfliktbearbeitung

Literatur

Arbeitskreis OPD (Hrsg.) (2006) Operationalisierte Psychodynamische Diagnostik OPD-2. Manual für Diagnostik und Therapieplanung. Huber, Bern.

Bohleber W (1999) (Hrsg) Therapeutischer Prozess als schöpferische Beziehung. Übertragung. Gegenübertragung. Intersubjektivität. Psyche 53: S. 815-1101.

Daser E (1999) Kognitive und interaktionelle Elemente der Empathie. Psychotherapie und Sozialwissenschaft, Göttingen.

Dornes M (1997) Die frühe Kindheit. Entwicklungspsychologie der ersten Lebensjahre. S. Fischer, Frankfurt.

Freud S (1900) Die Traumdeutung. In: Gesammelte Werke (1973) Bd. II / III, Frankfurt.

Freud S (1905) Bruchstücke einer Hysterie-Analyse. In: Gesammelte Werke (1969) Bd. V, Frankfurt.

Freud S (1910) Die künftigen Chancen der psychoanalytischen Therapie. In: Gesammelte Werke (1969) Bd. VIII, Frankfurt.

Freud S (1910) Über Psychoanalyse. In: Gesammelte Werke (1969) Bd. VIII , Frankfurt.

Freud S (1912) Ratschläge für den Arzt bei der psychoanalytischen Behandlung. In: Gesammelte Werke (1969) Bd. VIII, Frankfurt.

Greenberg LS, Rice LN, Elliott R (2003) Emotionale Veränderung fördern. Junfermann, Paderborn.

Habermas J (1968) Erkenntnis und Interesse. Suhrkamp, Frankfurt.

Hohage R (2011) Analytisch orientierte Psychotherapie in der Praxis (5. Auflage). Schattauer, Stuttgart.

Jungclaussen I (2013) Handbuch Psychotherapieantrag. Schattauer, Stuttgart.

König K (1981) Angst und Persönlichkeit. Das Konzept vom steuernden Objekt und seinen Anwendungen. Vandenhoeck & Ruprecht, Göttingen.

Lichtenberg JD (1991) Motivational-funktionale Systeme als psychische Strukturen. Forum der Psychoanalyse 7: 85-97.

Lorenzer A (1973) Über den Gegenstand der Psychoanalyse oder: Sprache und Interaktion. Suhrkamp, Frankfurt.

Lorenzer A (1974) Die Wahrheit der psychoanalytischen Erkenntnis. Suhrkamp, Frankfurt.

Milch W (2001) Lehrbuch der Selbstpsychologie. Kohlhammer, Stuttgart.

Moeller, ML (1977) Zur Theorie der Gegenübertragung. Psyche 31: 142-166.

Orange DM (2004) Emotionales Verständnis. Brandes & Apsel, Frankfurt.

Racker H (1993) Übertragung und Gegenübertragung. Reinhardt, München.

Ricoeur P (1969) Die Interpretation, ein Versuch über Freud. Pfeiffer, Frankfurt.

Rippe B (2013) Psychoanalytische Zitate. Markierungen einer Lernentwicklung als Psychologischer Psychotherapeut und Psychoanalytiker. BoD, Norderstedt.

Rippe B (2005, 2013) Psychischer Stress. In Rensing et al. (2005, 2013) Mensch im Stress. Psyche, Körper, Moleküle. Elsevier Spektrum, München.

Rudolf G (2000a) Die Entstehung psychischer Störungen: ein integratives Modell. Praxis der Kinderpsychologie und Kinderpsychiatrie 5: 352-366.

Rudolf G (2000b) Psychotherapeutische Medizin und Psychosomatik. Thieme, Stuttgart.

Rudolf G (2004) Strukturbezogene Psychotherapie. Schattauer, Stuttgart.

Sandler J, Dare C, Holder A (1973) Die Grundbegriffe der psychoanalytischen Therapie. Klett-Cotta, Stuttgart.

Thomä H, Kächele,H (1973) Wissenschaftstheoretische und methodologische Probleme der klinisch-psychoanalytischen Forschung, I und II. Psyche 27: 205-236, 309-355.